# Vorwort

Das Gesetz zur Modernisierung des Schuldrechts trat zum 1.1.2002 in Kraft. Mit einer Neugestaltung der Grundlagen des Bürgerlichen Gesetzbuches wurden zum einen verschiedene europäische Richtlinien (u.a. Verbrauchsgüterkaufrichtlinie, Zahlungsverzugsrichtlinie, E-Commerce-Richtlinie) in nationales Recht umgesetzt, zum anderen einige Rechtsgebiete (z.B. Verjährungsrecht, Gewährleistungsrecht, allgemeines Leistungsstörungsrecht) durch Vereinheitlichung und Vereinfachung „modernisiert“. Nebengesetze (AGBG, FernAbsG, HWiG, VerbrKrG) wurden ins BGB integriert (die alte Rechtslage wurde noch ausführlich in der 1. Auflage dieses Werks dargestellt).

Folge war ein erheblicher Anpassungsbedarf für Unternehmer jeder Couleur. Doch schnell zeigte sich in der Praxis: Viele Unternehmen passten ihre AGB zwar an, überwiegend im Jahr 2002 und dann nicht mehr.

Dabei wird meist übersehen, dass AGB nicht nur bei großen Gesetzesänderungen wie der Schuldrechtsreform angepasst werden müssen, sondern im Grunde genommen bei jeder Rechtsprechungsverschärfung, die zur Unwirksamkeit von AGB-Klauseln führen kann.

Die Musterbeispiele für Haftungs- und Gewährleistungsklauseln sind als Anregungen und Formulierungshilfen gedacht. Erste Rechtsprechung auf Basis des „neuen Rechts“ ist zwar ergangen, eine umfassende gerichtliche Aufbereitung liegt jedoch noch nicht vor. Daher kann keine Gewähr dafür übernommen werden, dass das jeweilige erkennende Gericht sich der Meinung der Verfasser anschließt. Die Kautelarjuristen sollten ihre Auftraggeber ausführlich darauf hinweisen. Darüber hinaus ist eine Anwendung und kontinuierliche Beobachtung der Entwicklung von Rechtsprechung und Literatur zum Thema „AGB-Kontrollrecht und Vertragsgestaltung“ angezeigt – vor allem vor dem Hintergrund, dass die Strenge der deutschen AGB-Rechtsprechung europaweit ihresgleichen sucht.

Deggendorf, im Januar 2009 *Die Verfasser*

# Inhaltsverzeichnis

# A. Allgemeines zum Recht der Allgemeinen Geschäftsbedingungen

## 1. Der Begriff der Allgemeinen Geschäftsbedingungen

Der Begriff der Allgemeinen Geschäftsbedingungen ist in aller Munde – wenngleich häufig verkürzt vom „Kleingedruckten“ gesprochen wird, versteht das Bürgerliche Gesetzbuch in § 305 I 1 BGB deutlich mehr darunter:

> *„Allgemeine Geschäftsbedingungen sind alle für eine Vielzahl von Verträgen vorformulierten Vertragsbedingungen, die eine Vertragspartei (Verwender) der anderen Vertragspartei bei Abschluss eines Vertrags stellt.“*

Der Verwender ist dabei derjenige, der die AGB seinem Vertragspartner stellt und darüber hinaus für seine Zwecke einsetzt.[2]

Problematisch an der Verwendung von AGB ist vor allem die Anwendbarkeit des sog. AGB-Kontrollrechts der §§ 305 ff. BGB: Danach werden AGB-Klauseln einer sehr harten Inhaltskontrolle unterzogen, die dazu führt, dass viele dieser Formulierungen unwirksam sind. Deutschland weist dabei eine restriktive AGB-Rechtsprechung auf, die an Strenge von keinem anderen europäischen Land überboten wird.

> **Beispiel:**
>
> Sofern der Verwender von AGB eine Haftungsklausel einsetzt, nach der seine „Haftung ausgeschlossen ist, außer das Gesetz sieht eine Haftung zwingend vor“, handelt es sich um eine unwirksame AGB-Klausel. Folge ist, dass die Klausel als nicht existent gilt und durch das Gesetzesrecht ersetzt wird. Das Gesetz sieht dabei eine Haftung bei leichtester Fahrlässigkeit vor, die sowohl dem Grunde als auch der Höhe nach unbegrenzt ist.

### 1.1 „Vorformuliert“

Vorformulierte Vertragsbedingungen liegen schon dann vor, wenn es sich um Musterklauseln jedweder Art handelt. Dies verdeutlicht auch § 305 I 2 BGB:

---

2 *Scherer/Friedrich/Schmieder*, Verträge-Praxiswissen Vertragsmanagement, rtw 2005, S. 56 ff.

> *„Gleichgültig ist, ob die Bestimmungen einen äußerlich gesonderten Bestandteil des Vertrags bilden oder in die Vertragsurkunde selbst aufgenommen werden, welchen Umfang sie haben, in welcher Schriftart sie verfasst sind und welche Form der Vertrag hat."*

Damit zeigt sich, dass eben nicht nur das „Kleingedruckte" zu den AGB zählt. Vielmehr können unabhängig von der drucktechnischen Gestaltung alle Klauseln eines Vertrags und auch Bestimmungen außerhalb klassischer Verträge (z.B. Haftungsausschlüsse auf der Rückseite von Eintrittskarten) AGB-Charakter haben.

> **Beispiel:**
>
> Verwendet ein Unternehmen Muster-Rahmenverträge, die es seinen Kunden vorlegt und die eine Unterschrift vorsehen, so sind darin zunächst einmal AGB-Klauseln zu sehen. Nur bei tatsächlicher Verhandlung können daraus Individualklauseln werden, vgl. 2.

Es ist nicht entscheidend, ob es sich dabei um Textbausteine oder um zusammenhängende Klauselwerke handelt; ebensowenig macht es einen Unterschied, ob die Bedingungen bereits vorher gedruckt oder auf Datenträger gespeichert sind.[3] Nach der Rechtsprechung des Bundesgerichtshofs genügt es für AGB bereits, wenn ein Verwender die Klausel nirgendwo abgelegt hat, sondern sie sich einfach merkt, also „im Kopf gespeichert" hat;[4] dies gilt selbst dann, wenn bei der Verwendung sprachliche Variationen auftreten.[5]

Dabei muss es nicht einmal sein, dass die Klauseln vom Verwender selbst erstellt werden: Verwendet er z.B. Musterverträge von Verbänden, so sind darin ebenfalls AGB zu sehen.[6]

Der AGB-Charakter von Klauseln entfällt auch nicht bereits dadurch, dass z.B. Lückentexte verwendet werden: Denn werden diese Lücken vom Verwender erneut mit Standards gefüllt, kann dies den AGB-Charakter nicht beseitigen; eine echte Individualvereinbarung liegt in solchen Fällen nur dann vor, wenn der Vertragspartner seinerseits – beruhend auf seinem freien Willen – die Ergänzungen einträgt.[7]

Bei Formularen, die ein Ankreuzen durch den Vertragspartner vorsehen, liegen ebenfalls AGB vor, wenn der Verwender die Varianten vorgibt; nur

---

3 *Ermann*, BGB, 12. Auflage 2008, § 305, Rn. 9.
4 BGH NJW 1988, 410.
5 OLG Düsseldorf NZG 1998, 353.
6 BGH NJW 1984, 360.
7 BGH NJW 1996, 1676; 1998, 2815.

wenn der Vertragspartner die Möglichkeit hat, eigene Einfügungen vorzunehmen (und dies auch macht), liegt grundsätzlich eine Individualvereinbarung vor.[8]

Wie dann überhaupt aus AGB Individualklauseln werden können, wird unter Ziffer 2. näher ausgeführt.

### 1.2 „Für eine Vielzahl von Fällen"

Ob Vertragsbedingungen für eine Vielzahl von Fällen eingesetzt werden, hängt in erster Linie vom Willen des Verwenders ab: Ausreichend ist deswegen bereits die Absicht des vielfachen Einsatzes.[9] Der BGH verlangt dabei eine Nutzungsabsicht in mindestens drei Fällen;[10] dann liegt schon bei der ersten tatsächlichen Verwendung ein AGB-Text vor.[11]

**Achtung:**

**Bei Verwendung von vorformulierten Bedingungen gegenüber Verbrauchern können auch bei einmaliger Verwendungsabsicht bereits AGB vorliegen (§ 310 III Nr. 1 BGB).**

Sofern eine Vertragspartei für ein bestimmtes Projekt im Vorfeld einen Vertragsentwurf – ohne Verwendung von Musterklauseln – erstellt und ihn der anderen Partei vorlegt, liegen keine AGB vor.[12] Allerdings ist anzumerken, dass in der unternehmerischen Praxis dies nur selten vorkommt, da hier aufgrund des schnelllebigen Tagesgeschäfts meistens auf Musterformulierungen zurückgegriffen wird.

## 2. Die Abgrenzung zur echten Individualvereinbarung

Damit zeigt sich, dass die meisten im täglichen Geschäftsleben anzutreffenden Vertragsklauseln AGB-Charakter aufweisen. Es fragt sich daher, auf welche Art und Weise eine Formulierung den Stempel „Individualvereinbarung" erhalten kann. Das Gesetz äußert sich in § 305 I 3 BGB dazu wie folgt:

> *„Allgemeine Geschäftsbedingungen liegen nicht vor, soweit die Vertragsbedingungen zwischen den Vertragsparteien im Einzelnen ausgehandelt sind."*

---

8 BGH NJW 1996, 1676.
9 BGH NJW 1989, 2683.
10 BGH NJW 2002, 138.
11 BGH NJW 1997, 135.
12 BGH NJW 1989, 2683.

Damit aus einer AGB-Klausel überhaupt eine Individualvereinbarung werden kann, setzt der BGH unabdingbar voraus, dass der Verwender den gesetzesfremden Kerngehalt seiner Bedingungen inhaltlich ernsthaft zur Disposition stellt, dem Vertragspartner also die echte (nicht nur vorgegaukelte) Möglichkeit zur inhaltlichen Einflussnahme gibt.[13]

**Beispiele:**

Dass ein Vertragswerk zur beiderseitigen Unterzeichnung vorgesehen ist, hat keinen Einfluss auf den AGB-Charakter.

Auch Sätze in Begleitschreiben wie „Wir sind jederzeit zu Verhandlungen über unsere Bedingungen bereit." o.ä. reichen für die Annahme eines individuellen Charakters nicht aus, sofern der Ankündigung keine Taten folgen.[14]

Ebenso wenig genügt es, wenn der Verwender seinen Partner vor die Wahl stellt, die gestellten Klauseln entweder zu akzeptieren oder den Vertrag eben nicht zu unterzeichnen.[15]

Auch die Aufklärung des Vertragspartners über die Existenz und den Inhalt einer Klausel (z.B. in einem Begleitschreiben oder mündlich) genügt nicht, um den AGB-Charakter zu beseitigen.[16]

Die bloße Bereitschaft des Verwenders zu Verhandlungen ist aber immer noch nicht ausreichend. Vielmehr muss der Vertragspartner auch darauf eingehen und tatsächlich in Verhandlungen eintreten.[17]

**Praxishinweis für Vertragspartner des Verwenders:**

Damit steht der Empfänger von AGB häufig vor der Frage, ob er tatsächlich versuchen soll, die Klauseln im Einzelnen zu verhandeln, oder ob er lieber auf deren Unwirksamkeit nach AGB-Kontrollrecht vertrauen soll.

Eine Antwort darauf lässt sich nicht pauschal finden. Zu bedenken ist dabei, dass sich das AGB-Kontrollrecht und die Rechtsprechung hierzu auch durchaus zu eigenen Ungunsten verändern können. Zudem muss nicht jede ungünstige Klausel auch nach AGB-Kontrollrecht unwirksam sein. Und schließlich ist zu bedenken, dass eine Berufung auf eine AGB-widrige Klausel während einer laufenden Ge-

---

13 BGHZ 143, 103.

14 BGH NJW-RR 1986, 54.

15 BGH NJW 1991, 1678.

16 *Ermann*, BGB, 12. Auflage 2008, § 305, Rn. 18; anderer Ansicht hierzu ist allerdings das OLG München, NJW-RR 1995, 1524.

17 *Ermann*, BGB, 12. Auflage 2008, § 305, Rn. 19.

schäftsbeziehung häufig faktisch nicht möglich ist; der Kunde könnte z.B. mit dem Entzug weiterer Aufträge drohen. Aus diesem Grunde ist tendenziell wohl anzuraten, problematische Klauseln besser durch Verhandlungen zu eigenen Gunsten zu ändern, als auf deren Unwirksamkeit zu vertrauen. Dies muss aber bei jedem Einzelfall vorab überdacht werden.

Die bislang angesprochenen Punkte entstammen dabei eher der subjektiven Gedankenwelt und sind daher vor Gericht auch immer schwer nachweisbar. Das sicherste Indiz für eine individuelle Verhandlung ist es daher immer, wenn eine Klausel im Laufe der Verhandlungen abgewandelt wird.[18]

**Praxishinweis:**

Im Rahmen der Vertragsdokumentation ist daher stets darauf zu achten, solche Änderungen genau festzuhalten, denn die Beweislast für das Vorliegen einer Individualvereinbarung liegt beim Verwender der Klauseln.[19]

Dies geschieht am besten dadurch, dass nicht nur der zuletzt unterzeichnete Vertrag, sondern auch alle vorherigen Entwürfe aufbewahrt werden. Optimalerweise sollten auch Gesprächsprotokolle etc. archiviert werden.

Legt eine Vertragspartei der anderen einen Vertrag vor und werden darin einzelne Klauseln individuell ausgehandelt, muss dies nicht automatisch dazu führen, dass der gesamte Vertrag als Individualvereinbarung zu betrachten ist; vielmehr ist jede einzelne Klausel separat daraufhin zu untersuchen. In jedem Fall sind die inhaltlich geänderten Klauseln fortan individuell vereinbart. Demgegenüber verlieren die inhaltlich unveränderten Klauseln nicht automatisch ihren AGB-Charakter.

**Praxishinweis:**

Dies kann nur ausnahmsweise dann der Fall sein, wenn bei kurzen Verträgen die wichtigsten Regelungen abgeändert werden und diese Änderungen auf die unveränderten Klauseln so sehr ausstrahlen, dass das gesamte Klauselwerk als ausgehandelt erscheint; Voraussetzung ist aber auch hier, dass auch die unveränderten Klauseln inhaltlich zur Disposition gestellt wurden.[20]

---

18 BGH NJW 1988, 140.
19 BGH NJW 1998, 2600; 1998, 3488.
20 OLG Hamm WM 1989, 1016.

## 3. Voraussetzungen einer korrekten Einbeziehung von AGB

Da AGB Vertragsbestandteile sind, gelten hierfür zunächst die allgemeinen Regelungen über Vertragsabschlüsse. Das bedeutet, dass der Verwender die AGB nicht nur einseitig stellen, sondern der Vertragspartner mit den AGB auch sein Einverständnis erklären muss (§ 305 II letzter Halbsatz BGB).

§ 305 II BGB konkretisiert dies wie folgt:

> *„Allgemeine Geschäftsbedingungen werden nur dann Bestandteil eines Vertrags, wenn der Verwender bei Vertragsschluss*
>
> *1. die andere Vertragspartei ausdrücklich oder, wenn ein ausdrücklicher Hinweis wegen der Art des Vertragsschlusses nur unter unverhältnismäßigen Schwierigkeiten möglich ist, durch deutlich sichtbaren Aushang am Orte des Vertragsschlusses auf sie hinweist und*
>
> *2. der anderen Vertragspartei die Möglichkeit verschafft, in zumutbarer Weise, die auch eine für den Verwender erkennbare körperliche Behinderung der anderen Vertragspartei angemessen berücksichtigt, von ihrem Inhalt Kenntnis zu nehmen,*
>
> *und wenn die andere Vertragspartei mit ihrer Geltung einverstanden ist.“*

Kurz zusammengefasst verlangt das Gesetz also neben dem Einverständnis des Vertragspartners auch, dass er auf die AGB hingewiesen wird und die Möglichkeit zur Kenntnisnahme hat.

### 3.1 Der Einbeziehungshinweis

Erforderlich ist zunächst immer ein ausdrücklicher, klarer und unmissverständlicher[21] Hinweis darauf, dass der Verwender seine AGB in den Vertrag mit einbeziehen möchte; eine bestimmte Form für den Hinweis ist dabei nicht gesetzlich vorgegeben.[22] Nach der Rechtsprechung genügt es dagegen nicht, wenn AGB nur stillschweigend einbezogen werden sollen; so soll die bloße Beifügung des Texts der AGB ohne Einbeziehungshinweis nicht ausreichen,[23] ebenso wenig der bloße Abdruck der AGB auf der Rückseite von Vertragsunterlagen.[24]

---

21 BGH ZIP 1981, 1221.

22 BGH NJW 1983, 816.

23 BGH ZIP 1986, 1126.

24 OLG Hamburg, ZIP 84, 1241.

**Praxishinweise:**

Sofern der Verwender verschiedene AGB-Klauseln einbeziehen will (z.B. seine Baubedingungen und die VOB/B), so muss er im Einbeziehungshinweis auch eine Rangfolge bei Widersprüchen angeben – ansonsten droht die wirksame Einbeziehung beider Klauselwerke wegen Intransparenz zu scheitern.[25]

Sollen AGB über ein Bestellformular einbezogen werden, das vom Vertragspartner unterzeichnet wird, muss der Einbeziehungshinweis oberhalb der Unterschrift erscheinen; nur am Fußende oder gar auf der Rückseite angebrachte oder versteckte Hinweise auf die AGB sind nicht ausreichend.[26]

Sofern der AGB-Vertrag selbst zur Unterschrift vorgesehen ist, ist bereits darin der Einbeziehungshinweis zu sehen. Es muss nicht ausdrücklich darauf hingewiesen werden, dass es sich um AGB-Klauseln handelt.[27]

Nur wenn ein Einbeziehungshinweis mit unverhältnismäßigen Schwierigkeiten verbunden wäre (in der Regel bei Massengeschäften des täglichen Lebens), genügt ein deutlich sichtbarer Aushang am Ort des Vertragsschlusses (§ 305 II Nr. 1 BGB).

**Beispiel:**

Ein Baumarkt kann nicht jeden Kunden ausdrücklich auf die Einbeziehung seiner AGB hinweisen – es genügt daher ein deutlich sichtbarer Aushang an der Kasse.

Bei telefonischen Vertragsabschlüssen ist ebenfalls ein (mündlicher) Hinweis auf die eigenen AGB erforderlich.

**Praxishinweis:**

Schon aus Beweisgründen empfiehlt es sich, den Inhalt dieses Telefonats sowie den Einbeziehungshinweis anschließend in Form einer Auftragsbestätigung an den Vertragspartner zu versenden.

Soll ein Vertrag ausschließlich über das Internet zustande kommen, muss im Rahmen des Bestellprozesses ebenfalls ein eindeutiger Hinweis auf den Einbeziehungswillen erfolgen.

---

25 BGHZ 111, 388; Hinweis: Gegenüber Verbrauchern – Einbeziehung VOB/B höchst problematisch, BGH Az. VI ZR 55/07.

26 OLG Düsseldorf VersR 1982, 872.

27 BGH NJW 1995, 190.

Entscheidend ist bei allen Arten von Einbeziehungshinweisen stets, dass sie bei Vertragsschluss erfolgen und nicht erst hinterher.[28]

**Beispiel:**

Der erstmalige Hinweis auf die eigenen AGB in Rechnungen oder Lieferscheinen ist keinesfalls ausreichend![29] Vielmehr muss bereits im Angebot bzw. in der Auftragsbestätigung auf die AGB verwiesen werden.

## 3.2 Die zumutbare Möglichkeit zur Kenntnisnahme der AGB

Der Vertragspartner muss aber nicht nur Bescheid wissen, dass der Verwender seine AGB einbeziehen will; er muss vielmehr auch die Möglichkeit haben, sich über den Inhalt dieser AGB in zumutbarer Art und Weise zu informieren.

Dies setzt in der Regel die Übergabe der AGB an den Vertragspartner voraus. Überlässt der Verwender ihm dabei nur Auszüge, so können auch nur diese Vertragsbestandteil werden.[30]

**Besonderheiten bei Geschäften zwischen Unternehmern:**

Hier muss eine Aushändigung der AGB nicht zwingend erfolgen (vgl. § 310 I BGB). Vielmehr genügt der bloße Einbeziehungshinweis, verbunden mit der Bereitschaft, die AGB auf Verlangen zur Verfügung zu stellen. Damit besteht im unternehmerischen Verkehr die Obliegenheit des Vertragspartners, sich um die Einsichtnahme in die AGB des Verwenders zu bemühen, wenn dieser sich darauf bezieht.

**Besonderheiten bei internationalen Geschäften:**

Bei Geschäften mit ausländischen Vertragspartnern sind die AGB in der Landessprache des Vertragspartners zu übergeben. Dies gilt selbst im unternehmerischen Geschäftsverkehr. Ausnahmsweise genügt auch eine Übergabe in der Verhandlungssprache.[31]

**Besonderheiten bei Internetgeschäften:**

Sollen Verträge nur über das Internet zustande kommen, so muss der Vertragspartner die Möglichkeit haben, die AGB downzuloaden.[32]

---

28 BGH NJW 1987, 112; OLG Hamm NJW-RR 1998, 199; *Scherer/Friedrich/Schmieder*, Verträge-Praxiswissen Vertragsmanagement, rtw 2005, S. 62 f.

29 BGH NJW 1980, 2246.

30 BGH NJW-RR 1990, 958.

31 *Piltz*, UN-Kaufrecht, Rn. 153.

32 LG Münster DB 2000, 663.

Die Einbeziehung von AGB in künftige Rechtsgeschäfte ist differenziert zu betrachten.

**Praxistipp zur künftigen Einbeziehung von AGB:**

Gegenüber Verbrauchern ist eine Einbeziehung von AGB in künftige Geschäfte (ohne erneuten späteren Hinweis) nicht möglich. Gegenüber Unternehmern besteht eine solche Möglichkeit aber durchaus.[33]

Auch bei Abschluss eines Rahmenvertrags kann vorgesehen werden, dass die AGB auch für alle Einzelverträge unter dem Rahmenvertrag Geltung haben sollen, selbst wenn eine erneute Einbeziehung dabei nicht erfolgt.

### 3.3 Weitere Voraussetzungen

Zudem dürfen Klauseln für den Vertragspartner nicht überraschend sein (§ 305c Abs. 1 BGB). Überraschend sind Formulierungen, die nach den Umständen, insbesondere nach dem äußeren Erscheinungsbild des Vertrags, so ungewöhnlich sind, dass der Vertragspartner des Verwenders mit ihnen nicht zu rechnen braucht. Solche Bedingungen werden dann nicht Vertragsbestandteil.

Ein Beispiel hierfür ist die Verwendung von Briefpapier, auf dem dick der Slogan „Unsere Gewährleistung ist bärenstark!“ aufgedruckt ist, wenn gleichzeitig in den beigefügten AGB ein kompletter Gewährleistungsausschluss enthalten ist.

### 3.4 Sonderproblem: Änderung der AGB während eines laufenden Vertragsverhältnisses

Gerade bei Dauerschuldverhältnissen wie lange laufenden Rahmenverträgen kann es vorkommen, dass während der Vertragslaufzeit Anpassungsbedarf bei einbezogenen AGB besteht. Die Frage ist natürlich: Ist das ohne Weiteres möglich?

Hier gilt der Grundsatz, dass es sich bei einer Änderung der AGB um eine Vertragsänderung handelt, der der andere Vertragspartner zustimmen muss (Änderungsvertrag).

**Praxistipps:**

Klauseln wie „Es gelten die jeweils aktuellen AGB“ sind daher unwirksam.

---

33 BGHZ 42, 53; BGH NJW-RR 1991, 570.

Und selbst die jahrzehntelang beliebten Fiktionsklauseln, bei denen dem Vertragspartner nach Mitteilung der AGB-Änderung eine Widerspruchsfrist von 4 – 6 Wochen zugebilligt wurden, nach derem Ablauf seine Zustimmung als erteilt galt, wurden nunmehr vom BGH deutlich eingeschränkt: solche Klauseln sollen künftig nur wirksam sein, wenn es nicht um die wesentlichen Vertragsbestandteile (essentialia negotii) geht. Ansonsten bleibt nur noch das Mittel der Änderungskündigung.[34]

## 4. Kollisionsfälle und Lösungsmöglichkeiten

Unter einer Kollision von AGB versteht man, dass sowohl der Verwender seine AGB einbeziehen möchte als auch der Vertragspartner seine eigenen AGB.

Decken sich die AGB inhaltlich (was selten genug vorkommt), gilt der gemeinsame Inhalt.

Enthalten sie aber Widersprüche, gilt Folgendes: An die Stelle der sich widersprechenden Klauseln tritt das dispositive Recht des BGB, also die übliche gesetzliche Regelung.[35]

Das bedeutet aber, dass die Vertragsparteien jeweils viele eigene Rechte verlieren können. So bedeutet eine Kollision für den Verkäufer in der Regel den Verlust einer Haftungsbegrenzungsklausel und des Eigentumsvorbehalts.[36] Deswegen ist gerade bei Kollisionsfällen darauf zu achten, dass diese einer Lösung zugeführt werden.

Es gibt dabei zwei Möglichkeiten: Entweder schafft es eine Seite, durch die vorhandene Marktmacht die eigenen AGB „durchzudrücken" und den Vertragspartner auf einen Verzicht seiner AGB zu bewegen; oder die Parteien einigen sich auf eine gemeinsame Rahmenvertragsregelung. Auf diese Weise verständigen sich die Parteien auf einen Mittelweg mit Hilfe eines Rahmenvertrags. Folge ist ein ausgewogenes Vertragswerk, welches beide Parteien akzeptieren können.[37]

34 BGH NJW 2008, 365 und BGHZ 142, 358–382; BGH-Report 2007, 452–453; BGH NJW 1979, 367–369.

35 *Ulmer/Brandner/Hensen* in: Ulmer, § 305, Rn. 193.

36 Mit Ausnahme des einfachen Eigentumsvorbehalts.

37 *Scherer/Friedrich/Schmieder*, Verträge-Praxiswissen Vertragsmanagement, rtw 2005, S. 71 f.

**Praxishinweis:**

Solche Rahmenverträge müssen dabei nicht unbedingt einen erheblichen Umfang aufweisen. Denkbar sind auch kurze Rahmenvereinbarungen, in denen sich die Parteien z.B. nur auf eine Haftungsklausel sowie einen Eigentumsvorbehalt einigen und im Übrigen die beiderseitigen AGB ausschließen.

Solche (und auch umfangreichere) Rahmenvereinbarungen haben noch einen weiteren Vorteil: Denn die Inhalte dieser Rahmenverträge sind in der Regel individuell ausgehandelt und unterfallen damit nicht dem AGB-Kontrollrecht. So ist es dem Verkäufer beispielsweise möglich, viel weitergehende Haftungsbegrenzungen aufzunehmen, als er mit einer AGB-Klausel erreichen könnte.

## 5. Inhaltliche Wirksamkeit von AGB

Die Inhaltsprüfung von AGB ist in drei zentralen Normen geregelt:

- § 309: Klauselverbote ohne Wertungsmöglichkeiten
- § 308: Klauselverbote mit Wertungsmöglichkeiten
- § 307: Weitere Verbote in Form einer Generalklausel

Während die §§ 308 und 309 BGB einzelne konkrete Klauselgestaltungen für unzulässig erklären, besagt die Generalklausel des § 307 BGB, dass Vertragsbedingungen dann unwirksam sind, wenn sie den Vertragspartner des Verwenders entgegen den Geboten von Treu und Glauben unangemessen benachteiligen.

Die §§ 308 und 309 BGB gelten unmittelbar zwar nur bei AGB, die gegenüber Verbrauchern verwendet werden; dennoch bringt die Rechtsprechung viele Grundgedanken aus diesen Vorschriften auch in den Rechtsverkehr zwischen Unternehmen ein, indem sie in der Verletzung dieser Grundgedanken einen Verstoß gegen § 307 BGB sieht.

Eine unangemessene Benachteiligung ist im Zweifel anzunehmen, wenn eine Bestimmung in AGB mit wesentlichen Grundgedanken der gesetzlichen Regelung, von der abgewichen wird, nicht zu vereinbaren ist (§ 307 Abs. 2 Nr. 1 BGB). Hierzu entwickelt die Rechtsprechung Einzelfälle, an denen sich der Vertragsgestalter orientieren muss.

Weiter stellen auch Klauseln eine unangemessene Benachteiligung dar, durch die wesentliche Rechte oder Pflichten, die sich aus der Natur des Vertrags ergeben, so eingeschränkt werden, dass die Erreichung des Vertragszwecks gefährdet ist. Hieraus leitet die Rechtsprechung beispielsweise ihr Verbot eines Haftungsausschlusses bei „Kardinalpflichtverletzungen“ ab.

Eine unangemessene Benachteiligung liegt aber auch bei einem Verstoß gegen das Transparenzgebot vor, § 307 Abs. 1 S. 2 BGB, nachdem eine Klausel in Allgemeinen Geschäftsbedingungen im Zweifel[38] auch dann unangemessen benachteiligend und somit unwirksam ist, wenn sie nicht klar und verständlich ist. Hierbei wird regelmäßig auf den rechtlich nicht vorgebildeten Durchschnittskunden abgestellt[39], der nicht darüber informiert ist, welche Rechte ihm zustehen. Der rechtsunkundige Durchschnittskunde muss also in die Lage versetzt werden, die ihn benachteiligende Wirkung einer Klausel ohne Einholung von Rechtsrat zu erkennen[40]. Das bedeutet, dass AGB unkompliziert und verständlich formuliert werden müssen. Klauseln, welche der Kunde falsch interpretieren könnte bzw. überhaupt nicht verstehen kann, sind ebenso unwirksam (Anforderung der Bestimmtheit)[41]. Auch Auslegungszweifel gehen zu Lasten des Verwenders (Unklarheitsregel).[42]

**Praxishinweis:**

Es wird immer öfter darüber nachgedacht, ob unwirksame AGB-Klauseln dazu führen können, dass ein Wettbewerber eine kostenpflichtige Abmahnung ausspricht und ggf. Unterlassungsklage erhebt. Die bislang herrschende Meinung in Literatur und Rechtsprechung verneint dies.[43] Dem ist zuzustimmen: Denn die Verwendung fehlerhafter Klauseln in AGB hat in aller Regel keine Auswirkungen auf die Nachfrageentscheidung des Verbrauchers.

---

38 Nach *Westphalen* (NJW 2002, 17) begründet nicht jede Intransparenz die Unwirksamkeit der Klausel, sondern nur dann, wenn die darin liegende unangemessene Benachteiligung des Kunden auch tatsächlich festgestellt wird. Das folgt aus der Verwendung des Wortes „kann“ in § 307 Abs. 1 S. 2 BGB n.F. Eine unangemessene Benachteiligung ist nur dann zu bejahen, wenn die materielle Rechtslage des Kunden durch den – intransparenten – Klauselinhalt verschlechtert wird. Gerade deswegen, so *Westphalen*, ist es von Bedeutung, dass es bei der Interpretation von § 307 Abs. 1. S. 2 BGB n.F. immer darauf ankommt, nach Feststellung der Intransparenz einer Klausel auch noch zu fragen, ob die fehlerhafte Klarheit und Verständlichkeit der Klausel auch zu einer unangemessenen Benachteiligung des Kunden führt.

39 BGH, NJW 2001, 292, 296.

40 BGH, NJW 2000, 651, 652.

41 Vgl. hierzu auch *Schimmel/Buhlmann*, Fehlerquellen im Umgang mit dem Neuen Schuldrecht, 2002, S. 45, 178, 179.

42 *Scherer/Friedrich/Schmieder*, Verträge-Praxiswissen Vertragsmanagement, rtw 2005, S. 78.

43 *Westphalen*, AGB-Recht im Jahr 2007, NJW 2008, 2234 ff.

# B. Rechtslage nach deutschem Recht

## 1. Allgemeines zur Sach- und Rechtsmängelhaftung bei Kaufverträgen ab 1.1.2002

Das Kaufrecht (§§ 433–479 BGB) wurde mit der Schuldrechtsreform im Jahr 2002 grundlegend geändert. Die alten Klauseln sind daher ab 1.1.2002 bei Verwendung für Neuverträge überwiegend unwirksam.

### 1.1 Sach- und Rechtsmängelhaftung

Die Rechte des Käufers bei Mängeln sind in § 437 BGB geregelt. Der Begriff des Mangels umfasst dabei zwei Arten: die Sach- und die Rechtsmängel.

Sachmängel nach § 434 BGB sind:

- Abweichung von der vereinbarten Beschaffenheit (§ 434 Abs. 1 S. 1 BGB)
- Fehlende Eignung für die vertraglich vorausgesetzte Verwendung (§ 434 Abs. 1 S. 2 Nr. 1 BGB)
- Fehlende Eignung für die gewöhnliche Verwendung, die der Käufer erwarten darf (§ 434 Abs. 1 S. 2 Nr. 2 BGB)
- Abweichung von öffentlichen Äußerungen (insb. Werbung und Verpackungsaufdrucke) des Verkäufers oder des Herstellers (§ 434 Abs. 1 S. 3 BGB)

Rechtsmängel liegen nach § 435 BGB vor, wenn Dritte in Bezug auf die Sache Rechte gegen den Käufer geltend machen können. Mit anderen Worten: Ist die Kaufsache für den Käufer nicht frei verfügbar, obwohl sie es nach dem Kaufvertrag eigentlich sein müsste, besteht ein Rechtsmangel.

Sowohl Sach- als auch Rechtsmängel lösen die nachfolgend dargestellten Ansprüche und Rechte des Käufers aus.

#### *1.1.1 Rechte des Käufers bei Mängeln*

##### 1.1.1.1 Nacherfüllung (§ 439 BGB)

Die Nacherfüllung geht nach der gesetzlichen Konzeption den eigentlichen Sachmängelhaftungsansprüchen (Rücktritt, Minderung und Schadensersatz) vor.[44]

---

44 Dieser Vorrang der Nacherfüllung leitet sich daraus ab, dass der Kunde dem Verkäufer zunächst eine erfolglos verstreichende Frist zur Nacherfüllung setzen muss, ehe er die genannten weiteren Rechte und Ansprüche wahrnehmen darf.

Beim Nacherfüllungsanspruch besteht ein *Wahlrecht des Käufers* (nicht des Verkäufers, wobei dieser in der Regel besser beurteilen könnte, wie er am besten und am kostengünstigsten nacherfüllen kann), ob er Nachbesserung gemäß § 439 I Alt. 1 BGB oder Ersatzlieferung nach § 439 I Alt. 2 BGB begehrt. Eine Grenze wird hierbei durch die Verhältnismäßigkeit (bspw. der Reparaturkosten, welche nach § 439 Abs. 2 BGB der Verkäufer zu tragen hat) gezogen (§ 439 Abs. 3 BGB). Bei Überprüfung der Verhältnismäßigkeit sind insbesondere der Wert der Sache im mangelfreien Zustand, die Bedeutung des Mangels sowie die Frage, ob der Käufer ohne erhebliche Nachteile auf die andere Art der Nacherfüllung zurückgreifen kann, zu berücksichtigen. Bei Unverhältnismäßigkeit kann jeweils nur die andere Art der Nacherfüllung verlangt werden. Bei Unikaten ist die Nacherfüllung auf die Nachbesserung beschränkt, denn Unmögliches braucht man nicht zu leisten (§ 275 Abs. 1 BGB) – bei gebrauchten Sachen kann dies nach umstrittener Auffassung entsprechend gelten, in Ausnahmefällen ist jedoch selbst dort Nacherfüllung in Form der Ersatzlieferung einer gleichartigen oder gleichwertigen Sache möglich.[45]

**Praxistipp:**

Ein Wahlrecht des Verkäufers ist also nicht vorgesehen. Dieses muss, bisher wie jetzt, in den Allgemeinen Geschäftsbedingungen vereinbart werden. Dies ist aber nur dann wirksam möglich, wenn es sich um einen Vertrag zwischen Unternehmern handelt (zumindest gibt es bis dato noch keine anderslautende höchstgerichtliche Entscheidung). Ein Nachbesserungs*recht* des Verkäufers kann wegen § 475 Abs. 1 BGB nicht wirksam gegenüber einem Verbraucher vereinbart werden.

Hervorzuheben ist außerdem, dass der *Nacherfüllungsanspruch auch bei unwesentlichen Mängeln* besteht.[46]

**Praxistipp:**

Im Geschäftsverkehr mit anderen Unternehmen dürfte es zulässig sein, die Rechte des Käufers vom Vorliegen nicht unerheblicher Mängel abhängig zu machen. Es gilt insoweit dieselbe Argumentation wie oben zur Wahlrechtsübertragung.

Neue AGB-Klauseln verlangen im Wortlaut den Begriff der „Nacherfüllung“. Vor dem Hintergrund des Transparenzgebots empfiehlt es sich darüber hinaus, die gesetzlichen Begriffe ggf. in verständlicher Weise zu erläutern.

---

45 BGH, NJW 2006, 2839.

46 *Palandt* BGB § 437, Rn. 8; *Schulte-Nölke/Frenz/Flohr*, Formularbuch Vertragsrecht, 2. Auflage 2006, Rn. 51.

1.1.1.2 Rücktritt

Ist die Nacherfüllung unmöglich, fehlgeschlagen oder durch den Verkäufer verweigert worden, sind nachrangig die anderen in § 437 BGB genannten Rechte des Käufers zu prüfen.

Voraussetzungen hierfür sind das Vorliegen eines (jetzt) *nicht* unerheblichen Sach- oder Rechtsmangels[47] sowie der erfolglose Ablauf einer angemessenen Frist zur Nacherfüllung. Diese ist entbehrlich bei Unmöglichkeit der Nacherfüllung (§ 323 Abs. 2 BGB), bei ernsthafter und endgültiger Nacherfüllungsverweigerung durch den Verkäufer (§ 440 S. 1 BGB) und bei zwei fehlgeschlagenen Nacherfüllungsversuchen (§ 440 S. 2 BGB).

1.1.1.3 Minderung

Die Minderung steht gem. § 441 Abs. 1 BGB alternativ neben dem Rücktritt („statt"). Es sind also stets die Rücktrittsvoraussetzungen herbeizuführen.

Grundsätzlich ist vom Käufer aber zunächst wieder der Erfüllungsanspruch aus § 433 Abs. 1 S. 2 BGB im Wege der Nacherfüllung zu verfolgen. Nur wenn das nicht zum Ziel führt, ist der Weg frei für weitere Rechtsbehelfe, wie z.B. Minderung.

Auch die Minderung setzt einen Sach- oder Rechtsmangel voraus, kann aber im Gegensatz zum Rücktrittsrecht auch bei unerheblichen Mängeln (§ 441 Abs. 1 S. 2 BGB n.F.) geltend gemacht werden. Weitere Voraussetzung ist auch hier der erfolglose Ablauf einer angemessenen Frist zur Nacherfüllung. Diese ist in den gleichen Fällen wie beim Rücktritt entbehrlich.[48]

1.1.1.4 Schadensersatz

Voraussetzungen des Schadensersatzanspruchs nach §§ 437 Nr. 3, 280 ff. BGB ist ein Sach- oder Rechtsmangel im Sinne einer Pflichtverletzung.[49] Das heißt, es wird – anders als bisher – nicht mehr lediglich auf eine Zusicherung oder das arglistige Verschweigen eines Fehlers abgestellt. Der Schadensersatzanspruch ist jetzt verschuldensabhängig, wobei der Verkäufer die Beweislast für sein Nichtverschulden trägt (§ 280 Abs. 1 S. 2 BGB). Bei Abgabe einer Garantie oder einer Zusicherung kann er diesen Entlastungsbeweis aufgrund der strengeren Haftung i.S. des § 276 Abs. 1 BGB nicht mehr führen.

---

47 Nicht aus dem Kaufrecht, sondern aus § 323 Abs. 5 S. 2 BGB ergibt sich, dass ein Rücktritt wegen bloß geringfügiger Mängel nicht erfolgen kann.

48 *Palandt* BGB 67. Auflage 2008, § 440, Rn. 5.

49 Siehe hierzu auch Teil B. 1.2.

Weitere Voraussetzung dieses Anspruchs ist der erfolglose Ablauf einer angemessenen Frist zur Nacherfüllung nach § 440 BGB i.V.m. § 281 BGB.

Von jetzt an kann der Käufer vom Vertrag zurücktreten und trotzdem Schadensersatz verlangen (Doppelbelastung). Das Recht, bei einem gegenseitigen Vertrag Schadensersatz zu verlangen, wird gemäß § 325 BGB durch den Rücktritt nicht ausgeschlossen.

Beim Schadensersatzanspruch ist zwischen dem Ersatz des eigentlichen Mangelschadens nach §§ 280, 281 BGB und dem Ersatz des weiteren Schadens nach § 280 Abs. 1 BGB i.V.m. § 437 Nr. 3 BGB (Mangelfolgeschaden, z.B. Körperschäden oder Vermögensschäden) zu unterscheiden. Bei letztgenannten Ansprüchen gilt der Vorrang der Nacherfüllung nicht, weil es hier nicht wie bei § 281 Abs. 1 BGB um den Ausgleich des Erfüllungsinteresses geht. Verletzt der Verkäufer eine andere Pflicht, zum Beispiel eine Aufklärungs- oder eine Schutzpflicht, so richten sich die Schadensersatzansprüche des Käufers ebenso nach den §§ 280 ff. BGB, jedoch ohne kaufrechtliche Verweisung.

#### 1.1.1.5 Ersatz vergeblicher Aufwendungen

Es besteht für den Käufer nach § 437 Nr. 3 i.V.m. § 284 BGB auch die Möglichkeit, unter Verzicht auf den Schadensersatz den Ersatz seiner vergeblichen Aufwendungen zu verlangen.[50]

Hierunter fallen auch die Vertragskosten, die nach dem bisherigen § 467 S. 2 a.F. BGB im Falle der Wandelung zu ersetzen sind. Eine besondere Vorschrift im Kaufrecht ist deshalb entbehrlich. Verbunden ist damit allerdings eine sachliche Änderung: Die Vertragskosten konnte der Käufer bisher nach § 467 S. 2 BGB a.F. verschuldensunabhängig als Folge der Wandelung ersetzt verlangen. Künftig folgt aus § 284 BGB in Verbindung mit §§ 281, 280 Abs. 1 S. 2 BGB, dass dieser Anspruch von einem – wenn auch vermuteten – Verschulden des Verkäufers abhängt.[51]

### *1.1.2 Verjährung kaufrechtlicher Mängelhaftungsansprüche*

Die Verjährungsfrist für Mängelansprüche beträgt bei beweglichen Sachen im neuen Kaufrecht gemäß § 438 Abs. 1 Nr. 3 BGB zwei Jahre (regelmäßige Sachmängelhaftungsverjährungsfrist). Darüber hinaus gibt es noch eine 5-jährige und 30-jährige Verjährungsfrist. Bei einem gekauften Bauwerk und bei Baumaterial, wenn die Sache entsprechend der üblichen Verwendungsweise für ein Bauwerk verwendet worden ist und dessen Mangel-

50 Elektive Konkurrenz, vgl. *Palandt* BGB § 262, Rn. 6.
51 Vgl. BT-Drucks. 14/6040, 219 ff.

haftigkeit verursacht hat, beträgt die Frist fünf Jahre (§ 438 Abs. 1 Nr. 2 BGB). Die Ansprüche auf Nacherfüllung, Schadensersatz und Ersatz vergeblicher Aufwendungen verjähren in dreißig Jahren, wenn der Mangel in einem dinglichen Recht eines Dritten besteht, aufgrund dessen die Herausgabe der Kaufsache verlangt werden kann (sog. Eviktionsfälle), § 438 I Nr. 1 BGB. Rücktritt und Minderung sind Gestaltungsrechte und unterliegen grds. nicht der Verjährung wie Ansprüche (§ 194 BGB). Abhilfe schafft hier jedoch die Vorschrift des § 218 BGB, damit auch diese Ansprüche von der Verjährung zugrunde liegender Ansprüche beeinflusst werden; mit anderen Worten: sind die zugrunde liegenden Ansprüche verjährt, können auch die genannten Rechte nicht mehr geltend gemacht werden.[52]

Die Verjährung beginnt bei Grundstücken mit der Übergabe und bei Sachen mit der Ablieferung (§ 438 Abs. 2 BGB).

Bei Arglist des Verkäufers gilt die 3-jährige Verjährungsfrist, die freilich nicht mit Ablieferung, sondern erst ab Kenntnis zu laufen beginnt (§ 438 Abs. 3, § 195 BGB).

Die Verkürzung der Verjährung ist allgemein durch § 202 BGB geregelt. Sie ist jedoch beim Verbrauchsgüterkauf durch § 475 Abs. 2 BGB und bei Verwendung von AGB durch § 309 Nr. 8b) ff) BGB beschränkt.

### *1.1.3 Sonderregelungen für den Verbrauchsgüterkauf*

#### 1.1.3.1 Begriff

Nach § 474 Abs. 1 S. 1 BGB liegt ein Verbrauchsgüterkauf vor, wenn ein Verbraucher (§ 13 BGB) von einem Unternehmer (§ 14 BGB) eine bewegliche Sache kauft. Zum Begriff des Unternehmers zählen auch die freien Berufe sowie die Landwirtschaft.[53] Von den gesetzlichen Vorschriften über den Verbrauchsgüterkauf kann nicht zu Lasten des Verbrauchers abgewichen werden. Vgl. hierzu auch 2.1.1.

#### 1.1.3.2 Verjährungsvorschriften

Die Verjährungsfrist für Mängelansprüche des Verbrauchers kann beim Verbrauchsgüterkauf gemäß § 475 Abs. 2 BGB durch Vereinbarungen, die vor Mitteilung eines Mangels an den Verkäufer geschlossen werden, grundsätzlich bei neuen Sachen *nicht auf unter zwei Jahre* und *bei gebrauchten Sachen nicht auf unter ein Jahr* ab dem gesetzlichen Verjährungsbeginn *verkürzt* werden. Eine Vereinbarung, die zum Nachteil des Käufers von der jeweiligen Verjährungsfrist abweicht, ist unwirksam; so

---

52 *Palandt* BGB, 67. Aufl. 2008, § 218, Rn. 4,5.

53 *Palandt* BGB, 67. Aufl. 2008, § 14, Rn. 2.

zum Beispiel auch eine Vorverlegung des Verjährungsbeginns (z.B. „Beginn der Verjährung bereits ab Vertragsschluss"), da hierin eine Umgehung des § 475 Abs. 2 BGB liegt.[54]

#### 1.1.3.3 Beweislastumkehr

Bisher musste der Käufer beweisen, dass der Mangel bereits bei Gefahrübergang vorlag. Eine Ausnahme gab es nur bei der Garantie. Nunmehr wurde eine Beweislastumkehr beim Verbrauchsgüterkauf (Kaufvertrag über eine bewegliche Sache zwischen Unternehmer als Verkäufer und Verbraucher als Käufer) zu Lasten des Unternehmers, § 476 BGB geschaffen.

Danach wird *in den ersten sechs Monaten* seit Gefahrübergang widerleglich vermutet, dass ein Mangel von Anfang an vorlag. Der Verkäufer muss das Gegenteil beweisen. Eine Ausnahme gilt nur dann, wenn die Vermutung mit der Art der Sache unvereinbar ist (z.B. bei verderblichen Sachen[55]).

#### 1.1.3.4 Sonderbestimmungen für Garantien

Die Vorschrift für Garantien regelt die inhaltlichen und formellen Anforderungen an eine von dem Hersteller, dem Verkäufer oder einem Dritten gegebene Garantie. § 477 Abs. 1 S. 1 BGB schreibt für den Verbrauchsgüterkauf vor, dass die Garantie gemäß § 443 BGB einfach und verständlich abgefasst sein muss. Weiterhin muss die Garantie einen Hinweis auf die gesetzlichen Rechte des Verbrauchers sowie darauf enthalten, dass diese Rechte durch die Garantie nicht eingeschränkt werden. Der Verbraucher soll dadurch klar erkennen können, dass die Garantie ein zusätzliches Leistungsversprechen enthält, das über die gesetzlichen Rechte hinausgeht – diese aber nicht ersetzt.[56] Damit wird vermieden, dass der Verbraucher wegen einer unklaren Fassung der Garantieerklärung davon abgehalten wird, die ihm zustehenden gesetzlichen Rechte geltend zu machen.[57]

Bei einem Verstoß gegen diese Bestimmungen drohen wettbewerbsrechtliche und andere Sanktionen, die Garantie bleibt aber wirksam.[58] Daher sollte in der Werbung zukünftig statt des Begriffs der „Garantie" eine andere Formulierung, z.B. „verlängerte und verbesserte Verjährungsfrist für Mängelansprüche" verwendet werden.

---

54 *Palandt* BGB, 67. Aufl. 2008, § 475, Rn. 6.

55 *Palandt* BGB, 67. Aufl. 2008, § 476, Rn. 10.

56 Die Garantiehaftung besteht neben und unabhängig von der Sachmängelhaftung aus § 437; vgl. *Palandt*, Ergänzungsband zu BGB, 61. Aufl. 2002, § 443 Rn. 7.

57 Vgl. Begründung in der Drucksache 14/6040, S. 245 ff.

58 *Palandt* BGB, 67. Aufl. 2008, § 477, Rn. 14.

Aus der Übernahme einer Garantie ergeben sich aufgrund des Schuldrechtsmodernisierungsgesetzes nach § 276 BGB (Verantwortlichkeit des Schuldners) Haftungsverschärfungen. Trotz der erwähnten Regelungen §§ 477, 443, 444, 276 BGB sind Inhalt und Rechtsfolgen von Garantien jedoch nach wie vor nicht vollständig kodifiziert.

#### 1.1.3.5 Rückgriff des Unternehmers (Herstellerregress)

Wenn der Letztverkäufer (beim Verbrauchsgüterkauf!) infolge der Mängelhaftungsrechte des Käufers (nicht aus Kulanz) in Anspruch genommen wird, soll dieser seinerseits durch die Regelung des Herstellerregresses geschützt werden, wenn der Fehler auf den Hersteller zurückzuführen ist.

§ 478 BGB schafft Erleichterungen für die Durchsetzung der Sachmängelhaftungsrechte des Verkäufers gegen seinen Lieferanten. Von diesen Rechten kann in AGB nur dann abgewichen werden, wenn der Verkäufer einen angemessenen Ausgleich bekommt (z.B. pauschale Ausgleichsregelung), § 478 Abs. 4 S. 1. Da derzeit die Angemessenheit der Höhe eines pauschalen Ausgleichs mangels Erfahrungswerten kaum kalkulierbar ist, empfiehlt sich in AGB lediglich der deklaratorische Hinweis, dass durch Sachmängelhaftungsklauseln die Ansprüche des Käufers aus Herstellerregress nicht berührt werden. Ebenso ist keine Verkürzung der Verjährung gem. § 479 BGB möglich.

## 1.2 Sonstige Haftung

Die Schuldrechtsmodernisierung führt zu einer Vereinheitlichung des Rechts der Leistungsstörungen. An die Stelle der bisherigen Rechtsinstitute der Unmöglichkeit, des Verzugs und der sonstigen Schlechtleistung tritt ein weitgehend einheitliches System.

Es gibt nun eine einheitliche Anspruchsgrundlage für Schadensersatz. Anspruchsgrund ist die Verletzung einer Pflicht aus dem Schuldverhältnis. Der Tatbestand der Pflichtverletzung nach § 280 Abs. 1 BGB soll künftig die zentrale auf Schadensersatz gerichtete Bestimmung des allgemeinen Schuldrechts sein, aus der sich alle anderen – spezielleren – Ansprüche ableiten. Somit ist das Recht der Leistungsstörungen zukünftig eng mit den wegen der Schlechterfüllung von Hauptleistungspflichten bestehenden Sachmängelhaftungsansprüchen des besonderen Schuldrechts (Kaufrecht) verbunden.

### *1.2.1 Schadensersatz wegen Pflichtverletzung (zentrale Schadensersatznorm)*

#### 1.2.1.1 Vorliegen einer Pflichtverletzung

Wer eine Pflicht, gleich welchen Inhalts, schuldhaft verletzt, soll nach § 280 BGB Schadensersatz schulden. In der Praxis sind neben dem Fall der Lieferung einer mangelhaften Sache auch die Fälle von Bedeutung, in denen der Verkäufer überhaupt nicht oder zu spät liefert, eine sonstige Vertragspflicht oder eine vertragliche Nebenpflicht verletzt, die mit der Kaufsache überhaupt nichts zu tun hat.[59]

#### 1.2.1.2 Vertretenmüssen

Nach § 280 Abs. 1 S. 2 BGB kann der Gläubiger den Ersatz seines Schadens nur dann verlangen, wenn der Schuldner die Pflichtverletzung gemäß § 276 BGB zu vertreten hat. Gemäß § 276 Abs. 1 BGB hat der Schuldner Vorsatz und Fahrlässigkeit zu vertreten bzw. zu verantworten. Weiterhin wird die Möglichkeit einer strengeren oder milderen Haftung angesprochen, die sich aus der Übernahme einer Garantie[60] oder eines Beschaffungsrisikos ergeben kann[61].

#### 1.2.1.3 Verzugsschaden bzw. Schadensersatz wegen Verzögerung der Leistung

Nach § 280 Abs. 2 i.V.m. § 286 BGB wird dem Gläubiger der Schaden ersetzt, der ihm infolge der Verzögerung der Leistung entsteht (Verzögerungsschaden). Voraussetzung ist der Verzug des Schuldners nach § 286 BGB sowie die Erfordernisse des § 280 Abs. 1 BGB. Bei Vorliegen dieser beiden Bedingungen liegt eine Pflichtverletzung i.S. des § 280 Abs. 1 BGB vor.

#### 1.2.1.4 Schadensersatz statt der Leistung

Schadensersatz statt der Leistung kann nach § 280 Abs. 3 BGB nur unter den zusätzlichen Voraussetzungen des § 281, des § 282 oder des § 283 BGB verlangt werden.

#### 1.2.1.5 Ersatz vergeblicher Aufwendungen

Anstelle des Schadensersatzes statt der Leistung kann der Gläubiger Ersatz der Aufwendungen verlangen, die er im Vertrauen auf den Erhalt der Leistungen gemacht hat und billigerweise machen durfte, es sei denn, deren Zweck wäre auch ohne die Pflichtverletzung des Schuldners nicht erreicht worden (§ 284 BGB).

---

59 § 280 Abs. 1 BGB ist – von § 311a Abs. 2 BGB als Sonderregel für die anfängliche Unmöglichkeit abgesehen – die einzige Anspruchsgrundlage für Schadensersatz aufgrund eines Vertrags oder eines anderen Schuldverhältnisses. Hiermit greift § 280 BGB einen der zentralen Grundgedanken des UN-Kaufrechts und der modernen Vertragsrechtsprinzipien auf, die ebenfalls auf einem zentralen Haftungstatbestand aufbauen; vgl. BT-Drucks. 14/6040, S. 135.

60 Übernahme einer „Garantie“ i.S.d. § 276 BGB kann auch in der Abgabe einer Eigenschaftszusicherung liegen.

61 *Palandt* BGB, 67. Aufl. 2008, § 434, Rn.7, 9 f.

#### 1.2.1.6 Schadensersatz statt der Leistung wegen nicht oder nicht wie geschuldet erbrachter Leistung

Soweit der Schuldner die fällige Leistung nicht oder nicht wie geschuldet erbringt, kann der Gläubiger unter den Voraussetzungen des § 280 Abs. 1 BGB Schadensersatz statt der Leistung verlangen, wenn er dem Schuldner erfolglos eine angemessene Frist zur Leistung oder Nacherfüllung bestimmt hat (§ 281 Abs. 1 BGB). Die Fristsetzung kann auch entbehrlich sein, § 281 Abs. 2 BGB. In Fällen, in denen der Schuldner zumindest teilweise geleistet hat, kann der Schuldner nur dann Schadensersatz statt der ganzen Leistung verlangen, wenn sein Interesse an der geschuldeten Leistung dies erfordert. Falls der Schuldner schlecht leistet, kann der Gläubiger Schadensersatz geltend machen, solange die Pflichtverletzung nicht unerheblich ist, § 281 Abs. 1 S. 3 BGB.

### *1.2.2 Schadensersatzansprüche nach §§ 823 ff. BGB*

Dieser *verschuldensabhängige* Anspruch besteht neben den vertraglichen Gewährleistungsansprüchen. Der Grundsatz der allgemeinen Gefahrabwendungs- und Verkehrssicherungspflicht gilt auch für die Folgen fehlerhafter Produkte.

Hersteller müssen alle möglichen und zumutbaren Maßnahmen ergreifen, um die Verletzung von Rechtsgütern Dritter durch fehlerhafte Produkte auszuschließen. Zu den Verkehrssicherungspflichten von Herstellern gehören insbesondere die Konstruktions-, Produktions-, Instruktions- und Produktbeobachtungspflichten; eine schuldhafte Verletzung macht den Hersteller schadensersatzpflichtig.

Den bloßen *Verkäufer* trifft (anders als den *Hersteller*) eine Untersuchungs- und Kontrollpflicht bzgl. der von ihm zu verkaufenden Waren nur, wenn er Anlass hat, die Mangelfreiheit zu bezweifeln (z.B. bei erkennbaren Transportschäden oder aufgrund bereits erfolgter Kundenreklamation).[62]

### *1.2.3 Ansprüche nach dem ProdHaftG*

Das Produkthaftungsgesetz bleibt nach wie vor unverändert als Nebengesetz zum BGB bestehen.

Voraussetzungen für einen Anspruch nach § 1 Abs. 1 ProdHaftG ist ein Produktfehler, der zur Rechtsgutsverletzung führt, sowie ein daraus folgender Personen- oder Sachschaden. *Sachschäden* werden nur ersetzt, wenn es sich um zu *privaten Zwecken* genutzte andere Sachen als das feh-

---

62 Vgl. *Scherer/Friedrich et. al.*, Wer den Schaden hat...Praxiswissen zur Haftung bei Produktfehlern, Band 2, 2. Aufl. 2006, S. 19 ff.

lerhafte Produkt handelt. *Verschulden* ist *nicht* erforderlich, es handelt sich um eine Gefährdungshaftung!

### *1.2.4 Zusammenfassende Übersicht: Schnittstelle von Schadensersatzhaftung bei Mängeln und sonstiger Schadensersatzhaftung*

| **Sachmängelhaftung** | **Schadensersatzhaftung – bei Mängeln**<br>**Schadensersatz wegen:** | **Schadensersatzhaftung – sonstige Haftung** |
|---|---|---|
| – Nacherfüllung<br>– Rücktritt<br>– Minderung<br>– Schadensersatz<br>– Aufwendungsersatz | – Pflichtverletzung (Nichterfüllung, Schlechterfüllung Verletzung von Nebenpflichten)<br>– § 823 BGB<br>– ProdHaftG | – Pflichtverletzung<br>– Verzögerung der Leistung<br>– § 823 BGB |
| ⇓⇓ ⇓⇓ **Sachmängelhaftungsklauseln** | | ⇓⇓ ⇓⇓ **Haftungsklauseln** |

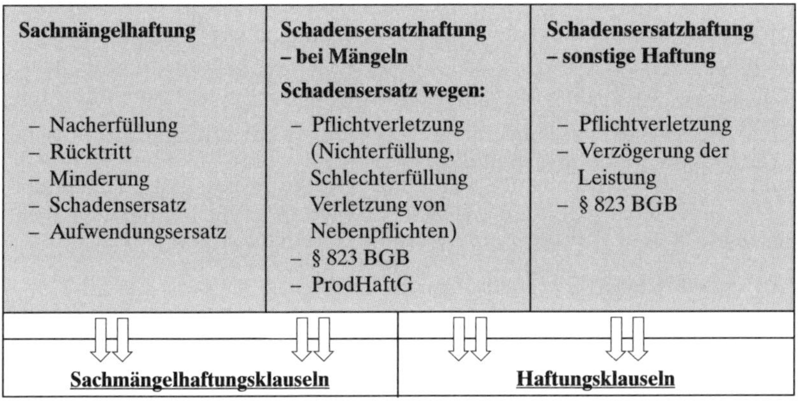

**Abb. 1:** Arten der Haftung und möglichen Klauseln nach neuer Rechtslage

# 2. Vertragliche Beschränkung der Mängel- und sonstigen Haftung (Gestaltungsmöglichkeiten)

## 2.1 Vertragliche Beschränkung der Mängelhaftung in AGB

Im deutschen Recht gilt der Grundsatz der Vertragsfreiheit. Dieser ist an bestimmten Stellen eingeschränkt. Zu nennen sind hier vor allem die Beschränkungen durch gesetzliche Verbote (§ 134 BGB), durch das Verbot sittenwidriger Verträge (§ 138 BGB) sowie durch den Grundsatz von Treu und Glauben (§ 242 BGB). Allerdings müssen hier erhebliche Schwellen überschritten sein, um einen Vertrag unwirksam zu machen. Daher sind (bei Formularverträgen) in erster Linie die Vorschriften der §§ 305 ff. BGB zu beachten, das so genannte AGB-Kontrollrecht. Bei Verbrauchsgüterkäufen sind zudem (sowohl bei Individual- als auch bei Musterverträgen) die §§ 474 ff. BGB als Schranken zu nennen.

Die nachfolgenden Darstellungen beziehen sich nur auf die Frage, ob die Mängelhaftung dem Grunde nach ausgeschlossen werden kann und ob eine Verjährungsverkürzung zulässig ist. Weitere Details finden sich in der Erläuterung zu den Klauseln in Teil C.

### 2.1.1 *Grundsituation 1: Verbrauchsgüterkauf (Verkauf Unternehmer an Privat)*

#### 2.1.1.1 Vertragliche Beschränkungen der Mängelhaftung durch *AGB* bei *neuen* Sachen (Verbrauchsgüterkauf)

Liegt ein Verbrauchsgüterkauf vor, legt die Vorschrift des § 475 BGB einen „Schutzmantel" um bestimmte käuferfreundliche Regelungen des BGB. Das bedeutet, dass diese Regelungen zu Lasten des Käufers weder vertraglich geändert oder noch ganz ausgeschlossen werden dürfen. Versuchen Unternehmer entsprechende Ausschlussbestimmungen in Verträgen vorzusehen, so sind diese Klauseln unwirksam.

Hinzu kommen als weiterer Schutz des Käufers im AGB-Bereich die Klauselverbote der §§ 309, 308 bzw. § 307 BGB aus dem AGB-Kontrollrecht.

Insbesondere bedeutet dies:

- Beim Verbrauchsgüterkauf darf die Mängelhaftung nicht komplett ausgeschlossen werden (§ 475 Abs. 1 BGB).
- Die Verjährungsfrist darf bei neuen Sachen nicht auf weniger als zwei Jahre herabgesetzt werden (§ 475 Abs. 2 BGB).
- Bei Bauwerken (§ 438 Abs. 1 Nr. 2a BGB) oder bei einer Sache, die entsprechend ihrer üblichen Verwendungsweise für ein Bauwerk verwendet worden ist und dessen Mangelhaftigkeit verursacht hat (§ 438 Abs. 1 Nr. 2b BGB), ist eine Verkürzung der 5-jährigen gesetzlichen Verjährungsfrist durch AGB grundsätzlich unzulässig (§ 309 Nr. 8 b) ff) BGB). Einzige Ausnahme ist die Vereinbarung der Anwendung der VOB/B als Ganzes; zwar stellen auch die Regelungen der VOB AGB-Klauseln dar, diese sind allerdings insofern privilegiert, als sie AGB-rechtlich nicht geprüft werden, wenn die VOB/B „im Ganzen" vereinbart wird.[63]

#### 2.1.1.2 Vertragliche Beschränkungen der Mängelhaftung durch *AGB* bei *gebrauchten* Sachen (Verbrauchsgüterkauf)

Auch bei gebrauchten Sachen gilt grundsätzlich das unter 2.1.1.1 Dargestellte, allerdings ist insbesondere folgende Besonderheit zu beachten:

---

63 Vgl. *Amann/Brambring/Hertel*, S. 2002, S. 264; diese spielt im vorliegenden Bereich der *Kauf*verträge keine Rolle. Hinzuweisen ist aber darauf, dass der BGH mit Urteil vom 22.1.2004 seine Rechtsprechung zur Vereinbarung der VOB „im Ganzen" einschneidend geändert hat: Danach ist die VOB nicht mehr nur bei Änderungen ihrer Kernregelungen nicht mehr „im Ganzen" vereinbart, sondern schon bei *jeglicher* Abweichung. Dies ist bei der Vertragsgestaltung unbedingt zu beachten (insb. bei Verwendung von Rangfolgeklauseln, bei denen die VOB erst im Nachrang auftaucht); gegenüber Verbrauchern beachte BGH, Az. VI ZR 55/07.

- Bei der Lieferung gebrauchter Sachen ist eine Verjährungsverkürzung auf ein Jahr möglich. Obwohl § 309 Nr. 8b) ff) BGB im Bereich gebrauchter Kaufsachen keine Geltung hat, verbietet § 475 Abs. 2 BGB eine Verkürzung der Verjährung auf unter ein Jahr.

### *2.1.2 Grundsituation 2: Verkauf Unternehmer an Unternehmer*

#### 2.1.2.1 Vertragliche Beschränkungen der Mängelhaftung durch *AGB* bei *neuen* Sachen (unternehmerischer Verkehr)

Die Wirksamkeit der Allgemeinen Geschäftsbedingungen auf Unternehmerebene unterliegen der Kontrolle des § 307 BGB (vgl. Teil A. 5.). Im Detail bedeutet dies insbesondere:

- Ein Komplettausschluss der Mängelhaftung bei neuen Sachen ist unzulässig.
- Die zweijährige Verjährungsfrist für Mängel kann jedoch bis auf ein Jahr abgekürzt werden.
- Bei Bauwerken (§ 438 Abs. 1 Nr. 2a BGB) oder bei einer Sache, die entsprechend ihrer üblichen Verwendungsweise für ein Bauwerk verwendet worden ist und dessen Mangelhaftigkeit verursacht hat (§ 438 Abs. 1 Nr. 2b BGB), ist eine Verkürzung der fünfjährigen gesetzlichen Verjährungsfrist durch AGB jedoch grundsätzlich unzulässig (§ 309 Nr. 8 b) ff) BGB[64]). Auch hier gilt als einzige Ausnahme wieder die Vereinbarung der Anwendung der VOB/B im Ganzen.

#### 2.1.2.2 Vertragliche Beschränkungen der Mängelhaftung durch *AGB* bei *gebrauchten* Sachen (unternehmerischer Verkehr)

Bei gebrauchten Sachen sind sogar noch weitergehende Beschränkungen als beim Verkauf neuer Sachen möglich. Selbst ein Komplettausschluss muss keine unangemessene Benachteiligung darstellen. Einzige Schranke ist § 307. Eine exakte Betrachtung des Einzelfalls wird aber stets erforderlich sein.

### *2.1.3 Grundsituation 3 + 4: Verkauf Privat an Privat oder an Unternehmer*

Hierbei ist zu bedenken, dass Verbraucher in der Regel keine AGB verwenden. Vielmehr könnte die Verwendung von AGB durch einen Privatmann sogar ein Indiz dafür sein, dass er eigentlich Unternehmer ist. In diesem Fall gelten die Ausführungen unter Ziffer 2.1.1 bzw. 2.1.2 entsprechend, je nachdem, mit wem er das Geschäft abschließt.

Im Individualbereich dürfen Verbraucher als Verkäufer sehr weitgehend Haftungsausschlüsse vereinbaren.

---

64 Über § 307 BGB auch im unternehmerischen Geschäftsverkehr anwendbar.

### *2.1.4 Zusammenfassung der Sachmängelbeschränkungsmöglichkeiten*

**Verbrauchsgüterkauf**

| | **Individuell** | **durch AGB** |
|---|---|---|
| **Mängelhaftungsausschluss** | Nicht möglich, § 475 Abs. 1 BGB n.F. | Nicht möglich, § 475 Abs. 1 BGB n.F. |
| **Verjährungsverkürzung bei neuen Sachen** | Nicht unter 2 Jahre, § 475 Abs. 2 BGB n.F. | Grds. nicht unter 2 Jahre, § 475 Abs. 2 BGB n.F., aber bei gekauften Bauwerken und „Baumaterialien“ nicht unter 5 Jahre, § 309 Nr. 8b) ff) BGB n.F. |
| **Verjährungsverkürzung bei gebrauchten Sachen** | Auf 1 Jahr möglich, § 475 Abs. 2 BGB n.F. | Auf 1 Jahr möglich, § 475 Abs. 2 BGB n.F., da § 309 Nr. 8b) ff) nicht für gebrauchte Sachen gilt. |

**Unternehmer – Unternehmer**

| | **Individuell** | **durch AGB** |
|---|---|---|
| **Mängelhaftungsausschluss** | Möglich, Ausnahme § 444 BGB n.F. (Arglist oder Garantie) | Wegen § 309 Nr. 8b BGB n.F. (über § 307 BGB n.F.): bei neuen Sachen: nein, bei gebrauchten Sachen: ja |
| **Verjährungsverkürzung bei neuen Sachen** | Möglich, Ausnahme § 202 Abs. 1 BGB n.F. (Vorsatztaten) und § 444 BGB n.F. | Wegen § 309 Nr. 8b) ff) BGB n.F. (über § 307 BGB n.F.): nicht unter 1 Jahr, (bei Bauwerken und „Baumaterialien“ etc. nicht unter 5 Jahre) |
| **Verjährungsverkürzung bei gebrauchten Sachen** | Möglich, Ausnahme § 202 Abs. 1 BGB n.F. und § 444 BGB n.F. | Möglich in den Grenzen des § 307 BGB n.F. (Abweichung vom gesetzlichen Leitbild, unangemessene Benachteiligung) |

**Privat – Privat / Unternehmer**

| | **Individuell** | **durch AGB** |
|---|---|---|
| **Mängelhaftungsausschluss** | Möglich, Ausnahme § 444 BGB n.F. (Arglist, Garantie) | bei neuen Sachen: nein<br>bei gebrauchten Sachen: ja |
| **Verjährungsverkürzung bei neuen Sachen** | Möglich, Ausnahme § 202 Abs. 1 BGB n.F. (Vorsatztaten) | § 309 Nr. 8b) ff) BGB n.F. nicht unter 1 Jahr, bei Bauwerken und Baumaterialien nicht unter 5 Jahre |
| **Verjährungsverkürzung bei gebrauchten Sachen** | Möglich, Ausnahme § 202 Abs. 1 BGB n.F. und § 444 BGB n.F. | Möglich in den Grenzen des § 307 BGB n.F. (Abweichung vom gesetzlichen Leitbild, unangemessene Benachteiligung) |

**Abb. 2:** Sachmängelhaftungsbeschränkungsmöglichkeiten durch Individualvereinbarungen und AGB

## 2.2 Vertragliche Beschränkungen der Schadens- und Aufwendungsersatzhaftung in AGB

Die Rechtsprechung des Bundesgerichtshofs zur Haftungsbeschränkung in AGB ist ungeheuer streng geworden und sucht europaweit ihresgleichen. So verlangt der BGH etwa, dass bei einem Haftungsausschluss auch alle Rückausnahmen ausdrücklich in der Klausel aufgeführt sind, also alle Fälle, in denen der Verwender der AGB trotzdem haftet. Worte wie „es sei denn" stellen nach Auffassung des BGH eine unzulässige Beweislastumkehr dar, was nach § 309 Nr. 12 BGB zur Unwirksamkeit der Klausel führen kann, sofern nicht eindeutig darauf hingewiesen wird, dass eine solche Beweislastumkehr nicht bezweckt ist.

Folge ist, dass der Verwender von AGB nur noch in wenigen und eng begrenzten Ausnahmefällen seine Haftung auf Schadensersatz statt der Leistung begrenzen kann.[65] Einige Autoren gehen sogar so weit zu behaupten, dass ein Haftungsausschluss in AGB de facto überhaupt nicht mehr möglich ist[66] – und liegen damit durchaus nicht ganz falsch.

**Praxishinweis:**

Die beste Möglichkeit der Haftungsbegrenzung auch in AGB führt daher über eine detaillierte und enge Leistungsbeschreibung:[67] Denn jeder Vertragspartner kann nur für das haften, was er verspricht. Sagt er weniger zu, reduziert sich damit automatisch seine Haftung.

Ein Haftungsausschluss und eine -begrenzung sind insbesondere in folgenden Fällen unzulässig (diese Fälle müssen in der Klausel ausdrücklich genannt sein!):

- für Schäden aus der Verletzung des Lebens, des Körpers oder der Gesundheit, die auf einer vorsätzlichen (§ 276 Abs. 3 BGB) oder fahrlässigen Pflichtverletzung des Verwenders oder einer vorsätzlichen oder fahrlässigen Pflichtverletzung eines gesetzlichen Vertreters oder Erfüllungsgehilfen des Verwenders beruhen (§ 309 Nr. 7 BGB);

---

65 Vgl. hierzu *Schimmel/Buhlmann*, Fehlerquellen im Umgang mit dem Neuen Schuldrecht, 2002, S. 180; kritisch dazu *Westphalen*; Empfehlung: „die Parteien eines Vertrages tun gutes daran, das jeweilige Pflichtenprogramm – so detailliert wie irgend möglich – individualvertraglich zu regeln". Nach *Westphalen* gibt es keine Möglichkeit mehr (insbesondere im Bereich der §§ 281 ff. BGB n.F.) seine Haftung auf Ersatz des Schadens statt der Erfüllung auszuschließen oder zu begrenzen, *Westphalen*, NJW 2002, 18.

66 *Westphalen*, NJW 2002, 18.

67 So auch *Schimmel/Buhlmann*, Fehlerquellen im Umgang mit dem Neuen Schuldrecht, 2002, S. 180.

- für sonstige Schäden, die auf einer vorsätzlichen (§ 276 Abs. 3 BGB) oder grob fahrlässigen Pflichtverletzung des Verwenders oder auf einer vorsätzlichen oder grob fahrlässigen Pflichtverletzung eines gesetzlichen Vertreters oder Erfüllungsgehilfen des Verwenders beruhen (§ 309 Nr. 8 BGB);
- für Schäden aufgrund der Nichteinhaltung von Garantien und Zusicherungen (§ 307 Abs. 1, 2 Nr. 1 und 2 i.V.m. § 276 BGB);
- für Ansprüche aus Gefährdungstatbeständen, insbesondere nach dem ProdHaftG (§ 14 ProdHaftG);
- für Verletzung von Kardinalpflichten (§ 307 Abs. 1, 2 Nr. 2 BGB).

#### *2.2.1 Vertiefung 1: Beschränkung bei Verletzung wesentlicher Vertragspflichten in AGB*

Nach der Rechtsprechung des *BGH* kann die Haftung für die Verletzung *wesentlicher Vertragspflichten (Kardinalpflichten)* nicht ausgeschlossen werden (§ 307 Abs. 1, 2 Nr. 2 BGB).

> ***Anmerkung:***
>
> *Auch im Bereich der Haftungsbegrenzung bei Kardinalpflichten sorgte der BGH mit seinem Urteil vom 20.7.2005 für eine weitere Rechtsprechungsverschärfung. Bislang war ein Haftungsausschluss für einfache Fahrlässigkeit möglich; im Falle einer einfach fahrlässigen Verletzung einer Kardinalpflicht durfte jedoch kein kompletter Ausschluss vorgenommen werden, sondern nur eine Begrenzung auf den „vertragstypischen Schaden".*
>
> *Diese Leitlinie ließ der BGH zwar bestehen. Allerdings erklärte er im angesprochenen Urteil eine Klausel für unzulässig, die nicht definierte, was genau eine Kardinalpflicht ist. Der BGH erklärte diese Klausel für intransparent und damit unwirksam (§ 307 BGB). Folge ist, dass künftig der Begriff der Kardinalpflicht erläutert werden muss, will man nicht die vollständige Unwirksamkeit der Haftungsklausel und damit eine unbeschränkte Haftung riskieren.*

Zu beachten ist, dass nach Auffassung des BGH bei Vorliegen von Verzug immer eine Kardinalpflichtverletzung gegeben sein soll.[68] Dem ist nicht zu folgen,[69] weil die Rechtzeitigkeit der Leistung an sich zwar Hauptpflicht, ihre Verletzung aber nicht immer auf die Nichtbeachtung einer vorgela-

---

68 BGHZ 164, 11–37; BGH NJW 1985, 914.

69 Vgl. stellvertretend *Thamm/Pilger*, Taschenkommentar zum AGB-Gesetz, § 11 Nr. 8, Rn. 6.

gerten Kardinalpflicht zurückzuführen ist; würde man diese Ansicht des BGH verallgemeinern, wäre auch jeder Mangel automatisch eine Kardinalpflichtverletzung.

Dennoch ist die Rechtsprechung natürlich zu beachten. Zudem stellt sich in diesem Zusammenhang die Frage, ob nicht auch die Pflicht zur mangelfreien Leistungserbringung eine Kardinalpflicht ist, da § 433 I 2 BGB nunmehr eine entsprechende Hauptleistungspflicht statuiert.[70] In diesem Falle würden AGB-mäßige Haftungsbeschränkungen in der Praxis de facto immer leer laufen.

Sofern möglich, sollten Kardinalpflichten zudem noch konkretisierend in Form einer beispielhaften Aufzählung angeführt werden.

**Praxishinweis:**

Die vielfach vorgenommene Beschränkung von Schadensersatz bei Verzug auf z.B. 5 % des Lieferwerts ist vor diesem Hintergrund sehr problematisch und regelmäßig unwirksam. Denn dadurch wird auf Basis der BGH-Rechtsprechung eine Haftungsbegrenzung bei Verzug vorgenommen – erlaubt ist aber nur eine Beschränkung auf den vertragstypischen Schaden. Damit kann die Klausel nur dann wirksam sein, wenn die Schadenspauschale (zufälligerweise) dem vertragstypischen Durchschnittsschaden entspricht – was in aller Regel nicht der Fall ist.

#### *2.2.2 Vertiefung 2: Beschränkung der deliktischen Verschuldenshaftung (§§ 823 ff. BGB) in AGB*

Eine ausdrückliche Erwähnung des Ausschlusses bzw. der Beschränkung der deliktischen Haftung bei Haftungsausschlussklauseln ist erforderlich, da im Zweifel AGB-Klauseln zu Lasten des Verwenders ausgelegt werden, so dass der Vertragspartner bei nicht eindeutiger Erwähnung auch der deliktischen Ansprüche davon ausgehen könnte, deliktische Ansprüche seien von einem allgemein gehaltenen Haftungsausschluss nicht erfasst. Im Übrigen gelten die obigen Ausführungen entsprechend.

#### *2.2.3 Vertiefung 3: Beschränkung der Ansprüche nach dem ProdHaftG in AGB*

Da nach § 14 ProdHaftG Ansprüche nach dem Produkthaftungsgesetz nicht abbedungen werden dürfen, muss dies als ausdrückliche Ausnahme in die Klausel aufgenommen werden, vgl. oben.

---

70 Bejahend z.B. *Palandt/Heinrichs*, § 307 Rn. 114.

# C. Formulierungsbeispiele von Sachmängelhaftungs- und Haftungsklauseln in Allgemeinen Verkaufsbedingungen

## 1. Klausel zur Sach- und Rechtsmängelhaftung in AGB

### 1.1 Verwendung gegenüber anderen Unternehmern

**§ x Sach- und Rechtsmängelhaftung**

Für Mängel der Lieferung haften wir wie folgt, sofern der Kunde Kaufmann ist aber nur im Falle der ordnungsgemäßen Erfüllung der Untersuchungs- und Rügepflichten aus § 377 HGB (die Mängelrüge hat dabei schriftlich zu erfolgen):

(1) Soweit Sach- oder Rechtsmängel vorliegen, sind wir zur Beseitigung des Mangels oder zur Lieferung einer mangelfreien Sache berechtigt (Nacherfüllung); das Wahlrecht bei der Nacherfüllung steht dabei uns zu. Voraussetzung für unsere Haftung ist, dass es sich um einen nicht unerheblichen Mangel handelt. Sollte eine der beiden oder beide Arten dieser Nacherfüllung unmöglich oder unverhältnismäßig sein, sind wir berechtigt, sie zu verweigern. Wir können die Nacherfüllung verweigern, solange der Kunde seine Zahlungspflichten uns gegenüber nicht in einem Umfang erfüllt, der dem mangelfreien Teil der Leistung entspricht.

Wir tragen die zum Zwecke der Nacherfüllung erforderlichen Aufwendungen, insbesondere Transport-, Wege-, Arbeits- und Materialkosten; ausgeschlossen ist eine Kostentragung insoweit, als durch die Verbringung der Sache an einen anderen Ort als den Erfüllungsort Mehrkosten entstehen.

(2) Sollte die in Absatz 1 genannte Nacherfüllung fehlschlagen oder für den Kunden unzumutbar sein oder sollten wir beide Arten der Nacherfüllung i.S.d. § 439 III BGB verweigern, steht dem Kunden das Wahlrecht zu, entweder den Kaufpreis entsprechend herabzusetzen (Minderung) oder vom Vertrag nach den gesetzlichen Vorschriften zurückzutreten (Rücktritt). Weitere Ansprüche des Kunden gleich aus welchem Rechtsgrunde sind entsprechend § y ausgeschlossen oder beschränkt.

(3) Es wird keine Gewähr für Schäden übernommen, soweit diese auf nachfolgende Gründe zurückzuführen sind: Ungeeignete oder unsachgemäße Verwendung, fehlerhafte Montage durch den Kunden oder

Dritte, natürliche Abnutzung und üblicher Verschleiß, fehlerhafte oder nachlässige Behandlung, übermäßige Beanspruchung, ungeeignete Betriebsmittel, mangelhafte Bauarbeiten, ungeeigneter Baugrund, chemische, elektrochemische oder elektrische Einflüsse (sofern sie nicht von uns zu vertreten sind), unsachgemäße und ohne vorherige Genehmigung durch uns erfolgte Änderungen oder Instandsetzungsarbeiten seitens des Kunden oder Dritter.[71]

(4) Sofern es sich um Ansprüche handelt, für welche nach den §§ x oder y eine beschränkte Haftung besteht, gilt im Hinblick auf die Verjährung dieser Ansprüche Folgendes: Beim Verkauf gebrauchter Sachen ist die Haftung ausgeschlossen. Beim Verkauf neuer Sachen verjähren Ansprüche wegen Mängeln in einem Jahr nach Ablieferung der Kaufsache. Bei einer Sache, die entsprechend ihrer üblichen Verwendungsweise für ein Bauwerk verwendet worden ist und dessen Mangelhaftigkeit verursacht hat, tritt Verjährung erst nach fünf Jahren ein. Die Ansprüche auf Minderung und die Ausübung eines Rücktrittsrechts sind ausgeschlossen, soweit der Nacherfüllungsanspruch verjährt ist. Der Kunde kann im Falle des Satzes 3 aber die Zahlung des Kaufpreises insoweit verweigern, als er aufgrund des Rücktritts oder der Minderung dazu berechtigt sein würde; im Falle des Rücktrittsausschlusses und einer nachfolgenden Zahlungsverweigerung sind wir berechtigt, vom Vertrag zurückzutreten.

(5) Zusicherungen und Garantien sind nur dann wirksam abgegeben, wenn wir sie ausdrücklich und schriftlich gewähren.

(6) Mit keiner der voranstehenden Klauseln ist eine Änderung der gesetzlichen oder richterrechtlichen Beweislastverteilung bezweckt.

## Anmerkungen zur Klauselgestaltung

Zum Einleitungssatz:

Hier wird deklaratorisch darauf hingewiesen, dass die Rechte des Kunden von der Erfüllung seiner Obliegenheiten aus § 377 HGB abhängen (kaufmännische Untersuchungs- und Rügeobliegenheit). Das Schriftformgebot für die Mängelrüge entspricht § 309 Nr. 13 BGB.

Zu Absatz 1:

Wie bereits in Teil B beschrieben, ist es derzeit wohl noch als zulässig anzusehen, einerseits das Wahlrecht bei der Nacherfüllung im unternehmeri-

---

71 Diese Klausel wird insbesondere auch empfohlen in: *Wurm*, Rechtsformularbuch, 14. Auflage, S. 26; ebenso Münchener Vertragshandbuch/Locher, Band 4 1. Halbband, 4. Auflage, S. 1265. Zur Bewertung vgl. unten in den Anmerkungen.

schen Verkehr auf den Verkäufer zu übertragen, andererseits die Mangelrechte vom Vorliegen nicht unerheblicher Mängel abhängig zu machen.

Deklaratorisch werden auch Situationen beschrieben, in denen der Verwender der AGB zur Verweigerung der Nacherfüllung berechtigt ist.

Auch im unternehmerischen Geschäftsverkehr ist es grundsätzlich nach § 309 Nr. 8 Buchstabe b–cc BGB nicht gestattet, die Kostentragungspflicht bei der Nacherfüllung einzuschränken. Nach nicht ganz unumstrittener Ansicht ist es jedoch erlaubt, Pauschalregelungen zu treffen[72] oder aber – wie hier – Kosten für erhöhte Aufwendungen abzulehnen[73].

Zu Absatz 2:

Bei Fehlschlagen der Nacherfüllung muss dem Vertragspartner das Recht eingeräumt werden, nach seiner Wahl zu mindern oder vom Vertrag zurückzutreten, § 309 Nr. 8b) bb) BGB. Auch diese Vorschrift ist, wie die Vorgängernorm des § 11 Nr. 10b AGBG, auf Rechtsgeschäfte zwischen Unternehmen anwendbar.

Für den Rücktritt ist es gemäß § 440 BGB seitens des Käufers nicht mehr nötig, eine Nachfrist zu setzen. Deshalb ist es auch nicht empfehlenswert, eine solche Obliegenheit des Käufers durch AGB einzuführen: Denn dies könnte als Abweichung vom wesentlichen Grundgedanken der gesetzlichen Regelung zur Unwirksamkeit der Klausel führen, § 307 Abs. 2 Nr. 1 AGBG.

Zu Absatz 3:

In Absatz 3 werden Fälle aufgezählt, nach denen eine Haftung des Verwenders ausscheidet. Es handelt sich dabei um Fälle, nach denen schon kraft Gesetzes keine Haftung besteht, so dass ein Ausschluss unbedenklich sein dürfte.[74]

Zu Absatz 4:

Zu den Möglichkeiten der Verkürzung der Verjährung vgl. Teil B 2.1.2. Danach kann beim Verkauf gebrauchter Sachen die Haftung komplett ausgeschlossen werden und beim Verkauf neuer Sachen auf ein Jahr herabgesetzt werden, sofern nicht die fünfjährige Verjährungsfrist aus § 438 I Nr. 2 BGB eingreift.

72 BGH NJW 1996, 389.

73 *Erman/Roloff*, BGB, § 309, Rn. 208; *Ring*, Arbeitsbuch AGB, Teil 1, B – Rn. 87; *Westphalen*, Allgemeine Verkaufsbedingungen nach neuem Recht, 4. Auflage, S. 139.

74 Vgl. auch *Wurm*, Rechtsformularbuch, 14. Auflage, S. 26; ebenso Münchener Vertragshandbuch/Locher, Band 4 1. Halbband, 4. Auflage, S. 1265.

Es ist an dieser Stelle noch darauf hinzuweisen, dass unseres Erachtens ein pauschaler Ausschluss bzw. eine pauschale Verkürzung der Verjährung nicht zulässig sein dürfte. Aus diesem Grunde wurde einleitend ein Passus angefügt, nach dem der Haftungsausschluss bzw. die Verjährungsverkürzung nur dann gelten, sofern es sich um Ansprüche handelt, für welche nach den §§ x oder y eine beschränkte Haftung besteht: Denn wenn nach diesen Vorschriften bereits überhaupt keine Haftung besteht, stellt sich die Frage der Verjährungsverkürzung erst gar nicht; wenn dagegen eine volle Haftung besteht, ist eine Beschränkung durch Verjährungsverkürzung ebenso unzulässig.

Zu Absatz 5:

Diese Klausel hält bei strenger Prüfung dem AGB-Kontrollrecht nicht stand: Denn auch Zusicherungen und Garantien können individuell auch mündlich und stillschweigend abgegeben werden, was durch AGB nicht einfach ausgehebelt werden kann. Zur Verbesserung der außergerichtlichen Position kann die Klausel gleichwohl dienen.

Zu Absatz 6:

Der BGH[75] leitet aus Worten wie „es sei denn“ oder „mit Ausnahme von“ etc. eine Beweislastumkehr ab. § 309 Nr. 12 BGB verbietet jedoch eine solche auch mit Ausstrahlungswirkung auf Verträge zwischen Unternehmern. Daher wird hier eine ausdrückliche Klarstellung aufgenommen, wonach eine Änderung der gesetzlichen oder richterrechtlichen Beweislastverteilung nicht bezweckt wird.

### 1.2 Abweichungen bei Verwendung gegenüber Verbrauchern

Gegenüber Verbrauchern ergeben sich einige Abweichungen, welche nachfolgend kurz skizziert werden:

**§ x Sach- und Rechtsmängelhaftung**

Für Mängel der Lieferung haften wir wie folgt:

(1) Soweit Sach- oder Rechtsmängel vorliegen, sind wir nach Wahl des Kunden zur Beseitigung des Mangels oder zur Lieferung einer mangelfreien Sache berechtigt (Nacherfüllung).

    Sollte eine der beiden oder beide Arten dieser Nacherfüllung unmöglich oder unverhältnismäßig sein, sind wir berechtigt, sie zu verweigern. Wir können die Nacherfüllung verweigern, solange der Kunde

75 BGHZ 132, 175, 180.

seine Zahlungspflichten uns gegenüber nicht in einem Umfang erfüllt, der dem mangelfreien Teil der Leistung entspricht.

Wir tragen die zum Zwecke der Nacherfüllung erforderlichen Aufwendungen, insbesondere Transport-, Wege-, Arbeits- und Materialkosten; ausgeschlossen ist eine Kostentragung insoweit, als durch die Verbringung der Sache an einen anderen Ort als den Erfüllungsort Mehrkosten entstehen.

(2) [vgl. oben 1.1]

(3) [vgl. oben 1.1]

(4) Sofern es sich um Ansprüche handelt, für welche nach den §§ x oder y eine beschränkte Haftung besteht, gilt im Hinblick auf die Verjährung dieser Ansprüche Folgendes: Beim Verkauf gebrauchter Sachen verjähren Ansprüche wegen Mängeln in einem Jahr nach Ablieferung der Kaufsache. Beim Verkauf neuer Sachen verjähren Ansprüche wegen Mängeln in zwei Jahren nach Ablieferung der Kaufsache. Bei einer Sache, die entsprechend ihrer üblichen Verwendungsweise für ein Bauwerk verwendet worden ist und dessen Mangelhaftigkeit verursacht hat, tritt Verjährung erst nach fünf Jahren ein. Die Ansprüche auf Minderung und die Ausübung eines Rücktrittsrechts sind ausgeschlossen, soweit der Nacherfüllungsanspruch verjährt ist. Der Kunde kann im Falle des Satzes 3 aber die Zahlung des Kaufpreises insoweit verweigern, als er aufgrund des Rücktritts oder der Minderung dazu berechtigt sein würde; im Falle des Rücktrittsausschlusses und einer nachfolgenden Zahlungsverweigerung sind wir berechtigt, vom Vertrag zurückzutreten.

(5) [vgl. oben 1.1]

(6) [vgl. oben 1.1]

### Anmerkungen zu den Änderungen in der Klauselgestaltung

Zu Absatz 1:

Geändert werden muss im Vergleich zur Version 1.1 einerseits das Wahlrecht bei der Nacherfüllung, welches beim Verbrauchsgüterkauf dem Verbraucher nicht entzogen werden darf. Andererseits ist es ebenfalls nicht gestattet, die Mängelrechte vom Vorliegen nicht unwesentlicher Mängel abhängig zu machen.

Zu Absatz 4:

Hier müssen Modifikationen im Bereich der Verjährungsfristen vorgenommen werden, da im Bereich des Verbrauchsgüterkaufs weitaus weniger vom Gesetz abgewichen werden darf als bei Geschäften mit anderen Unternehmern (vgl. Teil B 2.1.1).

## 2. Klausel zur Beschränkung der allgemeinen Schadens- und Aufwendungsersatzhaftung in AGB

### § y Rücktritt des Kunden und sonstige Haftung unsererseits

(1) Das gesetzliche Rücktrittsrecht des Kunden soll – abgesehen von den Fällen des § x – weder ausgeschlossen noch beschränkt werden. Ebenso sollen uns zustehende gesetzliche oder vertragliche Rechte und Ansprüche weder ausgeschlossen noch beschränkt werden.

(2) Wir haften uneingeschränkt nur für Vorsatz und grobe Fahrlässigkeit (auch unserer gesetzlichen Vertreter und Erfüllungsgehilfen) sowie für Schäden aus der Verletzung des Lebens, des Körpers oder der Gesundheit, die auf einer fahrlässigen Pflichtverletzung unsererseits oder einer vorsätzlichen oder fahrlässigen Pflichtverletzung unserer gesetzlichen Vertreter oder Erfüllungsgehilfen beruhen. Ebenso uneingeschränkt haften wir bei der Abgabe von Garantien und Zusicherungen, falls gerade ein davon umfasster Mangel unsere Haftung auslöst. Keine Beschränkung besteht auch bei der Haftung aus Gefährdungstatbeständen (insbesondere nach dem Produkthaftungsgesetz). Eine etwaige Haftung nach den Grundsätzen des Rückgriffs des Unternehmers nach den §§ 478 f. BGB bleibt unberührt.

(3) Bei der sonstigen schuldhaften Verletzung wesentlicher Vertragspflichten (Kardinalpflichten) ist unsere verbleibende Haftung auf den vertragstypischen vorhersehbaren Schaden begrenzt.

(4) Im Übrigen ist die Haftung – gleich aus welchem Rechtsgrund (insbesondere Ansprüche aus der Verletzung von vertraglichen Haupt- und Nebenpflichten, unerlaubter Handlung sowie sonstiger deliktischer Haftung) – ausgeschlossen.

(5) Gleiches (Ausschlüsse, Begrenzung und Ausnahmen davon) gilt für Ansprüche aus Verschulden bei Vertragsschluss.

(6) Für den Fall des Aufwendungsersatzes (mit Ausnahme desjenigen nach §§ 439 II, 635 II BGB) gilt dieser § y entsprechend.

(7) Ein Ausschluss oder eine Begrenzung unserer Haftung wirkt auch für unsere gesetzlichen Vertreter und Erfüllungsgehilfen.

(8) Kardinalpflichten sind wesentliche Vertragspflichten, also solche Pflichten, die dem Vertrag sein Gepräge geben und auf die der Ver-

tragspartner vertrauen darf; es handelt sich damit um die wesentlichen Rechte und Pflichten, die die Voraussetzungen für die Vertragserfüllung schaffen und für die Erreichung des Vertragszwecks unentbehrlich sind.

(9) Mit keiner der voranstehenden Klauseln ist eine Änderung der gesetzlichen oder richterrechtlichen Beweislastverteilung bezweckt.

Anmerkungen zur Klauselgestaltung

Zu Absatz 1:

Absatz 1 trägt dem § 309 Nr. 8 Buchstabe a BGB Rechnung, der eine Beschränkung des Rücktrittsrechts untersagt. Dies gilt jedoch nicht, soweit es um Rücktrittsgründe geht, die auf einem Mangel der Kaufsache beruhen; in dieser Hinsicht ist auch die Einschränkung in der Klausel zu verstehen.

Zu den Absätzen 2–8:

Die Einzelheiten zu den Hintergründen wurden bereits dargestellt, vgl. Teil B. 2.2.

Zu der Frage, wie viele Ausnahmetatbestände, die die Haftung des Verwenders wieder aufleben lassen, tatsächlich aufgezählt werden müssen, lässt sich keine klare Leitlinie vorgeben. Nach Auffassung des BGH ist eine Klausel jedenfalls nicht für alle theoretisch denkbaren Konstellationen zu formulieren, sondern für die in Betracht kommenden Normalfälle,[76] sodass also Ausnahmen von der Aufzählung ausgespart bleiben können, die in Anbetracht der üblichen Geschäftsvorfälle keine Relevanz haben. Allerdings sollte hier im Zweifel lieber eine Ausnahme zu viel als zu wenig enthalten sein: denn wird eine wesentliche Aufzählung vergessen, droht der ganzen Klausel das Schicksal der Unwirksamkeit.

Gerade auch im Bereich der Kardinalpflichten sollte daher ggf. noch eine beispielhafte Konkretisierung vorgenommen werden. Auf eine solche wurde hier verzichtet, weil dies immer nur im Einzelfall anhand der konkreten Branche und Geschäftsvorgänge erfolgen kann.

Zu Absatz 9:

Vgl. oben die Anmerkungen zu 1.1.

76 BGH NJW 1982, 765 und *Löwe/Graf v. Westphalen/Trinkner*, AGB-Gesetz, § 13 Rn. 28 ff; *Palandt/Heinrichs* vor § 309 Rn. 51.